AF617561

Para mis hijas
y el día que me sonrieron
por primera vez.

LA VOZ ÚLTIMA

Primera edición: diciembre 2025

EDITA:
Editamás, editorial y contenidos digitales

DEPÓSITO LEGAL:
BA-000741-2025

ISBN:
978-84-944868-6-9

MAQUETACIÓN, IMPRESIÓN Y PEDIDOS:
www.editamas.es
924 18 07 91

Juan Monzú Ponce

LA VOZ ÚLTIMA

Pero no dejé que el alma se me fuera.

Ya no escribiré poemas
que nadie profanará
con la tinta del silencio
y el clamor de los planetas.

¡Dejadme la voz del niño del espejo
que ya no me devuelve la mirada!

PROEMIO

Pues señor, burla burlando, henos aquí frente a un nuevo acervo de estrofas y rimas, y algún que otro sencillo, modesto e imperfecto estrambote, que página a página han terminado por dar forma a esto que he dado en llamar La voz última.

¿Por qué? Pues porque como declaran, sin ambages ni rubor, sus últimas estrofas, ya no queda tinta en el tintero de la imaginación; porque ya no quedan rimas o sentimientos, a los que dar vida y pueda recitar el céfiro del silencio; pues porque por alguna razón, quien sabe si, cansancio, incapacidad, desgana o espesa y oscura desilusión, las musas y yo, hemos acordado, de forma civilizada eso sí, no molestarnos demasiado en adelante, y a ser posible y, en definitiva, no importunarnos más.

Yo, no volveré a llamarlas o, en cualquier caso, no volveré a requerirlas junto a mi para ir más allá de algún poema casual traído para la ocasión; y ellas no me seducirán una sola vez más, salvo con algún sugestivo juego, para algún extraordinario momento en que sea necesario, hacer oír su voz.

¿Por qué La Voz última? Me dicen mis cansadas neuronas, que el nombre lo dice todo y no son necesarias demasiadas explicaciones.

Quién sabe si, como se dijo antes, por cansancio o por desilusión, la voluntad y la intención de este aprendiz de poeta, este vagabundo de la rima y la metáfora, este nadie en el extenso y amplio confín de la lírica y la poesía, es la de cerrar con estos sonetos y otros versos, su pedalear contra el viento y bogar contra corriente, en esto de hablar de uno mismo y de los sentimientos comunes a la mayoría de los mortales; este hablar de lo que nos duele o nos inquieta o nos hiere, de esta particular manera como es, la de hacerlo componiendo versos que, a buen seguro, lo cuentan con mejor forma, elocuencia y retórica que nosotros mismos, solo materia fungible.

Con La voz última, completo y termino la tetralogía que, hace ya demasiados años, creí que podría, y me lo propuse, conseguir, en una de las pocas decisiones acertadas que he tomado a lo largo de este, ya, extenso caminar de cansancio y fracasos.

A los que, a su pesar, agradezco su insistencia y terquedad en formar parte de mí, porque me han dado pie y texto para la inspiración.

He de reconocer que el capital de fe y esperanza, invertido en aquella casi peregrina idea, no fue ni generoso, ni bastante ni suficiente, para quien, con una pequeña colección de anónimas apuestas poéticas propias, solo había intentado creerse capaz de decir algo, al modo y manera – salvando la insalvable distancia, naturalmente – de aquellos maestros de la Generación del 98, principalmente Machado, y por supuesto de la Generación del 27, cuyas poesías, encontró una buena mañana de 1.972 en un rincón cualquiera del olvido.

Don Antonio Machado, cuyo verso "brota de manantial sereno", un hombre "en el buen sentido de la palabra, bueno", a quien debo la luz primera de la poesía. Con su sereno Retrato, – "ni un seductor Mañara ni un Bradomín he sido, ya conocéis mi torpe aliño indumentario"; o su Saeta, – "cantar del pueblo andaluz que todas las primaveras anda pidiendo escaleras para subir a la cruz" –.

Aquel tímido "caminante, no hay camino…", que nos habló de la "España de charanga y pandereta, de espíritu burlón y de alma quieta…". Corazón soñador y recogido.

" Dios sabe dónde andarán mis gafas, entre librotes, revistas y papelotes… ¿todo es soledad de soledades, vanidad de vanidades?"

Aquel humilde "profesor de un instituto rural", que siempre esperó un "milagro de la primavera" y nos habló del hombre de casino provinciano, un poco labrador, que "tiene mustia la tez, el pelo cano, ojos velados por melancolía", y "bosteza de políticas banales y augura que vendrán los liberales... taciturno, hipocondríaco, al que solo el humo del tabaco, simula algunas sombras en su frente",

Miguel Hernández, "canto con la voz de luto, pueblo de mí por tus héroes", con su Nana de la Cebolla, "en la cuna del hambre, mi niño estaba, con sangre de cebolla se alimentaba... ríete niño, que te traigo la luna cuando es preciso"; y su Niño Yuntero, a los golpes destinado "carne de yugo ha nacido con el cuello perseguido por el yugo" o aquel agónico canto, "para la libertad sangro, lucho, pervivo... para la libertad, mis ojos y mis manos, como un árbol carnal, doy a los cirujanos..."

Porque, "tengo estos huesos hechos a las penas y a las cavilaciones estas sienes...", con sus versos entendí y supe cual había de ser, y sería, mi manera de escribir, mi forma de entender la poesía, y porque soy "extremeño de centeno...vientos del pueblo me llevan, vientos del pueblo me arrastran...", y "voy entre pena y pena sonriendo."

Federico García Lorca, y la luna que "vino a la fragua con su polisón de nardos, y enseña, lúbrica y pura, sus senos de duro estaño." Romance Sonámbulo, "verde que te quiero verde… sobre el rostro del aljibe se mecía la gitana; un carámbano de luna la sostiene sobre el agua". Y la casada infiel – "ni nardos ni caracolas tienen el cutis tan fino…" – a quien "cuando se apagaron los faroles y se encendieron los grillos, yo me la llevé al rio creyendo que era mozuela, pero tenía marido."

El Romance de la Pena Negra, "las piquetas de los gallos cavan buscando la aurora, cuando por el monte oscuro, baja Soledad Montoya. Soledad, ¿por quién preguntas sin compaña y a estas horas?" Y aquella "luna negra de los bandoleros… Caballito negro, ¿dónde llevas tu jinete muerto?" Y el llanto por la muerte de Ignacio Sánchez Mejías, cuando "eran las cinco en sombra de la tarde… que no quiero ver la sangre de Ignacio sobre la arena."

Rafael Alberti con su "caballo cuatralbo", – "dadle un ramo verde de luz a mi mano, una rienda corta, y un galope largo… Hay sangre caída del mejor hermano." – Y aquellos Ángeles Muertos, "buscadlos en el insomnio de las cañerías olvidadas…"

Y porque como León Felipe, "así es mi vida, piedra, como tú. Como tú, piedra pequeña; como tú, canto que ruedas por las calzadas y las veredas; como tú, guijarro humilde de las carreteras… ¡Qué voy a cantar, si soy un paria que apenas tiene una capa! "

La Voz Última, intenta recoger el eco de un lamento a destiempo, un lamento inesperado que araña las entretelas de las arrugas, aquello que nunca esperamos que nada pueda llegar a arañar.

Porque los años, la prudencia, o la lógica, debieran de ejercer de abogados del diablo y defender a cualquier precio, esos inevitables surcos, serenamente dibujados de piel y ceniza, esas marcas de años, esas sutiles marcas del tiempo en forma de arrugas, que la luna de papel nos ha ido cincelando en noches claras de primavera, y en cálidas madrugadas de estrellas en la noche de San Juan, y nos confunde como aquella paloma que "creyó que tu falda era su blusa, que tu corazón su casa."

Y en frías noches de tormenta, que más de una vez abrieron los ventanucos del alma con un manotazo duro, un golpe, helado como el filo de un bisturí de nieve, para escarchar el juicio y la fe, y corromper hasta el desastre, la ilusión. Pero "florecerán los besos sobre las almohadas. ¡Dejadme la esperanza!"

Después de todo eso, no me queda nada, - "me callaré, me apartaré si puedo "– porque nada queda por decir que merezca ser recogido por el viento y haga sonreír a esa luna de pergamino que tocando viniera por un "anfibio sendero de cristales y laureles."

No queda nada. Solo, guardar el vacío tintero, decir adiós a las musas, ver nacer y morir cada segundo de cada día, sentir el sol, la mirada ajena, el llanto y la risa de los niños, y el creciente frío en los huesos.

Ver la vida pasar, sin dedicarnos una indiferente mirada; envidiar, o no, la velocidad de los tiempos, y comprobar que todo, va quedando en nada, mientras sentimos que, aunque tengamos que hablar de muchas cosas, nos va doliendo "hasta el aliento."

Y esperar, con la mochila de la paz sobre las espaldas, "la nave que nunca ha de tornar," en donde "me encontraréis a bordo, ligero de equipaje..."

Y tal vez, por qué no, si la memoria lo consiente, siquiera sea en pequeños saltos con red en el vacío, repasar lo hecho y lo que se quedó por hacer; leer y releer aquellas poesías que, si tuviéramos tiempo, tal vez escribiríamos distinto; reconocer los errores que no debieron haberse cometido y, además, no supimos remediar en fondo y forma.

Recrearnos, como si viajásemos "sobre la madera de mi vagón de tercera", de ese tren que "camina y camina, la máquina resuella, y tose con tos ferina", en los momentos felices, volátiles, efímeros, que vivimos; y recordar aquellos, oscuros y difíciles, que dejaron su marca, su señal de identidad, en el más allá de nuestros adentro; y ahí siguen, para creer que podríamos haber hecho más y mejor, lo que, un día, nos asustó hasta llegar a enfrentarlos como un doloroso e insuperable obstáculo.

Imaginar, en clave de sentimiento, o de quizás, aquella voz última que la misma vida, dueña de la llave de este difícil laberinto abierto que vivimos, nos prohibió y prohibirá decir, a quien quisiéramos decir. "¿Cómo llenarte, soledad, sino contigo misma..."

Recordar aquella sonrisa que un día negamos, nos negamos, y nos negaron; aquel saludo al sol. Suponer y fantasear que, a pesar de los años, estaría bien creer que aun sería tiempo y habría ocasión y condiciones, para poder hacer realidad aquel irrefrenable deseo, ilícito y carnal, que siempre estuvo hurgando en nuestro yo epicúreo, y nuestra concupiscencia, entre el bien y el mal, lo correcto y lo incorrecto, el respeto y lo deshonesto, atentando contra el sexto, el noveno, y quien sabe si alguno más.

¡Qué más da! Pero estaría bien, – "tocar sus pechos dormidos... que se me abrieran de pronto como ramos de jacintos" –; y saber, cómo hubiera sido aquello si hubiera sido verdad incuestionable, tal vez inmoral, "montado en potra de nácar sin bridas y sin estribos", en lugar de ser un irrealizable deseo, imaginando que "sus muslos se me escapaban como peces sorprendidos, la mitad llenos de lumbre, la mitad llenos de frío."

¡Y pedir perdón en voz baja! En primer lugar, a nosotros mismos por haber sido tan torpes, tan nulos, tan ciegos y, lo queramos o no, tan ignorantes en casi todos los órdenes de nuestra vida. Y a todos aquellos, conocidos o ignorados, cercanos o anónimos, aliados o rivales, a los que, en algún ignorado día y momento, negamos lo que quiera que fuera que necesitó de nosotros. – "Que un día se puso mala y otro día doblaron por ella, a muerto, las campanas." –

La Voz Última es todo eso, contado desde el otro lado del camino, con la mirada y la voz del fracaso y el desencanto. La Voz Última, quiere ser y así debería ser, mi última voz en esto de la poesía, a la que llegué en silencio, tímido y mudo, y con la que he vivido, satisfecho de mis rimas y mis versos, aunque siempre con el eco cacofónico del silencio y la lejanía.

La Voz Última, quiere ser, un pausado, corto y casi lento paseo por los fondos menos oscuros de la memoria, y dejarse ver como algo parecido a una sencilla confesión, sin ir más allá, aunque sin quedar ajena a algunos de los momentos, reales o imaginados, que algún quisieron saltar por encima de normas, costumbres y respeto.

La Voz Última, quiere ser, esencialmente, lamento en el más sencillo sentido de la palabra, y lo refleja con naturalidad, como algo que es parte de nuestra identidad hasta más allá de nuestras intenciones.

Y así, cerrar un personal y casi íntimo círculo de ideas, sensaciones, sentidos, pensamientos, circunstancias, sentimientos, y la sombra de algún instinto, hechos imagen en forma de voz, sin molestar a nadie y con la tácita anuencia de unos pocos corazones que la consideran apropiada o, cuando menos, correcta

La Voz Última, y por tanto esta tetralogía, ha conocido el complemento de los Versos del último sueño, un inesperado envite a aquellos sentimientos que nos enseñan los primeros fundamentos de lo que llamamos amor, – a una criatura de ojos redondos y alegres, que me alivió el alma y me infundió ganas de vivir –.

Y los de aquellos otros rincones de los sentidos, a los que no acostumbramos a mirar de frente, por miedo o por indiferencia, pero que nos llevan a la ultima hora, el destino menos insalvable con el que hacemos este transitar de emociones y errores.

Con Versos del último sueño, esta Voz Última, conforma un más que discreto, aunque lucido, horizonte literario para este nadie entre los nadie, que, me parece, no ha de ser de las peores, y que los tiempos juzgarán.

Porque estoy de acuerdo con Marco Tulio Cicerón, uno de los mejores oradores de la historia, cuando nos dejó este pensamiento: "Saepe ne utile quidem est scire quid futurum sit" O lo que es lo mismo: A veces, es mejor no saber lo que pasará.

Amen por los siglos de los siglos.

Juan Monzú
Agosto/2025

Pero no dejé que el alma se me fuera

Se me fueron rompiendo los sueños
y la luna, recostada en la almohada
del tiempo, siguió vulnerando cielos
en el camposanto de la voz y la palabra.

Si hay que pedir perdón,
lo firmo, aunque no me corresponda.

Y ya no anidarán los ruiseñores
en mi desterrado corazón de barro.

Soy quien soy, solo y uno
Preámbulo de versos y rimas

Ay, mi figura obtusa
y casi redondeada
casi nada, casi difusa,
esta apariencia alargada,
sombra confusa
y confusión asombrada.

Apuntes de mi memoria

Autorretrato sin espejo

Ay, este almanaque de arrugas,
esta carga de anhelos ignorados
desde la madrugada de las dudas,
¡ay, este barbecho de años olvidados;

esta sementera de sueños,
diminutos y pequeños
que no sueñan dormidos;

este querer y no poder
dejar de poder y querer…
¡este pozo humilde y malherido
que no se cansa de aprender!

Esta figura invisible, generosa
de hombros, espalda apretada,
corta de vista, boca enterrada,
de mirar sereno y mirada curiosa;

corta de encanto, escasa de prosa,
larga de piernas, vasta de cara,
extensa de todo… falta de nada,
serenidad desleída y curiosa.

Planeta solitario que no brilla,
este saco de huesos sin mudanza
es un pensamiento sin esperanza,
y una presencia triste y sencilla;

esta huida sin huir de ninguno,
este traje de piel que no me abriga,
este parto de junio que me esquiva,
esta razón, sin argumento alguno.

Este inmortal perder que siempre espero,
este ser yo y nadie, que me inviste
de la honda desnudez que me existe;

este pagar memoria, ¡compañero!
este constante caminar dolido,
sin horizonte, y a ningún lugar;

esta prórroga de tiempo perdido,
este rigor por todo menos por nada,
esta espuma sin orilla y sin mar,
este sol, mancha de la madrugada.

Este aire infinito que me respira
en la paz crepúsculo imaginada,
este mar de utopías descuidadas,
y estos dos ojos que no me miran.

Ay, esta figura mía, ¡tan poco amada!

Llanto de mayo

Carta póstuma para un buen hombre

No sé dónde te dejó la muerte,
más allá de la materia pasajera;
no sé de dónde te arrancó la vida
  que nos oculta y nos muere,
                    y nos olvida.

No sé si vives en las parameras
de una imposible alma dormida,
o reposas en las alas ligeras
del ángel oculto que te robó el aliento
con una frígida apuesta de tierra.

No sé qué voces te quitaron el miedo
a la negrura de la noche oscura;
no sé qué manos te aliviaron el peso
del dolor, de la pena y la duda
                  de tus amaneceres,
hasta el incierto lado de la otra orilla;
no sé qué rosarios de alfileres,
rezaron por tu silencio eterno,
con un alarido de noche y pesadilla.
¡Reniego de este mayo de silencio!

¡Porque te hizo sombra de ayer…!

Y desde este ayer que es hoy,
siglos de mayo sin amanecer,
quiero decirte que sigue el campo
oliendo a campo, padre,
y el mar, a mar, espuma, sal y arena;

que la vida sigue brotando
en las esquinas y en los partos madre,
y me sigue doliendo, el llanto amargo
de los niños que gimen penas;

que en las rotas camas rotas
siguen los besos, ausentes
de las hambrientas bocas
que beben lágrimas furtivas;

¡que mañana, me resulta indiferente!

Quiero decirte, que sigue viva la vida,
pero es más negra la noche negra;
y que el aire abrasa en primavera
como el árido diciembre al sol;
¡y que me ahoga el desconsuelo!

Que en un mar de arrugas en flor
el otoño navega mis manos;
que ya me van doliendo los huesos,
y que me dan miedo los años.

Que el tiempo duerme, para siempre,
un tiempo sin tiempo que a nadie espera;
que el cielo es menos cielo en noviembre,
que el día arropa una tarde de hogueras,
que muerde las esquinas, el desaliento,
y el recuerdo no olvida el olvido.

Que sigo esperando algo que no sé,
fuera del tiempo vivo y del sueño,
y al otro lado de la distancia eterna
que mayo dejó en el espejo,
señal amarga del vacío amanecer,
cincelada con lágrimas de cera.

Cuando mayo le abrió la puerta,
no sé hasta dónde elevó el vuelo
negro, la muerte muerta,
para llevarte al más allá del otro lado,
hasta donde no llegará la voz de duelo
de mi voz, y mi dolor callado.
que llora ausencias pálidas,
y me quema en la garganta.

¡Quiero decirte, padre, ya sin lágrimas,
que mayo me solivianta!

(17 mayo 2011)

Desierto y sin arena

Junio, me pintó la triste mirada
sobre el lienzo anónimo de la duda,
me cansó la voz, la dejó desnuda,
y me vistió de alma enamorada.

Me dibujó figura desandada,
palabra breve que, al hablar, anuda
sentimiento que a la elocuencia escuda,
bajo un manto de tristeza labrada.

Bajo un manto de tristeza labrada,
se me durmió la risa entre lamentos
de luto y pena, leales alientos
de la voz tristemente cincelada.

Se me durmió la risa entre lamentos,
y más allá del llanto no hubo nada;
desierto y arena en la mirada…
¡tristeza, soledad y pensamientos!

Autorretrato de ti desde mí

Si beben tus sueños sudor de cama fría,
y por los impávidos ojos de las ventanas
llega un aire quietud de mediodía,
que no abriga suficiente las mañanas...

¡Si está la soledad, cansada y sola!

Si sobra una lágrima en tu almohada,
y el silencio de las voces de la calle,
ronda la tácita afonía de las bocas
calladas que no callan la voz de nadie.

Si por los rincones, sientes la triste poesía
inacabada de los pobres poetas olvidados
que ya no escriben,
y el verano es primavera sombría,
invierno ardiente de los meses apagados;

si las palabras no hablan
y las vidas no viven,
si la tarde es noche ocre desleída,
y no hay mañanas en los amaneceres
que han de seguir llegando...
¡llámame, amor, voz callada!

Si el amarillento sol de las despedidas
no dibuja instantes de paz y alfileres,
si a la voluntad, la voz se le va cerrando
por el tejido ausencia…
el alma dormirá, agonizando
una límpida caricia callada,
sobre los labios secos del tiempo espera;

si tus ojos lloran sol en primavera,
si el sonido es eco, el recuerdo, dolor,
la voz, sordina, y la noche, sementera
de mañanas no nacidas, pálido color,
las bocas dejarán de hablarte,
y las calles sollozarán dolor de aceras.

Si el alba es un páramo de quimeras,
si la lluvia es afluente a ninguna parte,
y el mar, una mancha de gota caída…
¡amor, llámame ocaso y ayer!

Si las nubes son sábanas de la tarde,
y el horizonte, un pañuelo de despedida;
sí, reír es llorar lágrimas de mujer,
y no calienta el sol de octubre
que la niebla de noviembre cubre…

Si no me encuentras tras los campanarios,
el mundo, me habitará en el infinito luego
de los ciegos ojos ciegos del calendario,
con un menguante de olvido y fuego.

Si el amarillo otoño, edad sosiego,
se viste un día de gris invierno,
amor, llámame silencio.

(2011)

Fantasía de mujer
Sueño para una deuda del alma

Soy acreedor de aquellos besos
que se quedaron en promesa,
y humilde deudor, soy, confeso
de aquellos otros, que sueñan
los sueños, quiero y no quiero,
cuando imaginan que la luna llena
en camisón, viene a su cama
y de besos les habla – cantos de sirena –,
con arrullos de ardiente silencio
y azuladas sonrisas de escarcha.

En nada quedaron. Se perdieron
en el aire, y en las invisibles aldabas
de la nada y el oscuro silencio,
por un callado tañer de campanas;

y no supe besarte en el tiempo,
para quedarme sin beso y sin mañana,
bajo el desolado vacío de mi sombrero.

Y me quedé sin la esfera de tu pecho,
frutos maduros en noche de luna nueva,
desbocada en el negro del desnudo cielo;

sin el arrullo de tu piel de aceituna y canela,
sin tu vientre, avidez, pasión y anhelo,
sin el ardor de tu boca, bordón de primavera;

sin libar el cálido afán de tu aliento,
cuando, ignorado, tu cuerpo tiembla
con una zambra de emoción entre los dedos.

Me quedé, sin la ansiada noche serena,
sin tener cerca de mí, tu cuerpo,
y sin conocer el deseo que lo enerva;

sin paladear el aroma de tu cuello,
sin el sabor de tus labios, de saliva y seda,
y sin el brillo de tu mirada de fuego;

sin coger tu mano, de caricias tiernas,
sin el susurro de tus suspiros al viento,
y sin sentir tu voz de aurora quieta.

Sin tu agitada respiración en la almohada,
sin tu abrazo en mitad del sueño,
sin el mapa mundi de tu espalda;

y sin tu desnudez, cuando el agua
resbala tenue, buscando el centro
más centro, extensión de la madrugada.

Ay, mujer… diosa, planeta, sueño
a la blanca luz de una luna de escarcha,
me quedaría contigo en los espejos,
prolongación de un horizonte de nácar,
para reposar eternamente en tu pecho.

Y apostaría a la luna, tu falda,
para beberme sin prisa tus besos,
aquellos que no me diste, aquellos
que me negaste entre el ocaso y el alba.

Si en la infinitud de la voz y los cuerpos,
nos miramos un día, por las barandas,
¿aliviaremos la eternidad con un beso
de espuma, cuando la luna salga?

Agosto/25

Zapatos gastados de ayer

¿A dónde fueron los zapatos gastados
de este largo caminar sin vuelta?
¿Dónde quedaron las pisadas inciertas
de los caminos olvidados?
¿Dónde reposan las anónimas huellas,
que no olvidaron nuestros pasos?

Vino la sangre con guirnaldas de mayo,
como toros grises de la madrugada,
para inundar de ortigas y barro
mi corazón, mi voz y mi mañana.

Una amarillenta luna de alabastro,
me vio llorar por las vacías barandas
de un cielo traidoramente almidonado,
que despreciaba la voz de las aldabas.

No pudo gritar el reloj parado,
fue la muerte, perjurio de cien navajas,
traición de cien violines apagados,
llanto de los campanarios y las fraguas.

Vino la noche con guirnaldas de mayo,
a sembrar mis veredas de escarcha.

(II)

Para mis hijas, Eva y Sheila.
(Las siento cerca en el lejos)

¿Dónde quedaron las pisadas inciertas
de los caminos olvidados?
¿Dónde reposan, las anónimas huellas
que no olvidaron nuestros pasos?

Vino la luna vestida de grana
en diciembre, por los cielos negros,
para iluminar mi cabeza cana
con la realidad de un lejano sueño;

vino despacio, y en silencio;
blanca, tímida, casi redonda, mediana,
llevando en el desabrigo de su pecho,
la risa de los patios y el sol de la mañana.

Vino la luna, vestida de amapola,
en abril, con su traje de lunares,
para dejar sus pétalos de caracola
dibujando un nombre entre alamares;

vino sin prisas, con el viento de la tarde,
primavera jugando con las mariposas,
adornando con un rumor de olivares
su voz, y el suave canto de las alondras.

Vino la luna dos veces,
dos veces vino a mi cama,
para besarme en la frente
con labios de pasión y madrugada.

Dos planetas, dos diferentes aldabas,
dos llamas de un mismo fuego,
dos voces, dos corazones, dos cielos,
dos nubes, dos luceros del alba.

Dos veces vino la luna,
galopando los tejados
sobre caballo de espuma,
para recostar en mis brazos
el llanto y la risa, luz y fortuna.

Dos veces, luna, ¿recuerdas?,
dos noches, con la risa del cielo
sembraste de nardos las aceras.

Agosto/25

(III)

Para el silencio

¿Dónde reposan las anónimas huellas
que no olvidaron nuestros pasos?
¿A dónde fueron los pies descalzos
de este largo caminar sin vuelta?

Vino la noche a los patios amarillos,
ángel muerto con violines de piedra,
con un pálido sombrero de luna negra
que se tapaba en el cubil de los grillos.

Vino, desde un atardecer de hogueras,
afilada de sangre y extensión de cuchillo,
de yunques, fraguas y martillo,
bajo el ocaso de los patios y las piedras.

Vino la noche, con perfil de pañuelo,
y el silencio amargo de las alondras
era un desleído retumbo de incienso,
por las deshabitadas azoteas y las alcobas,

Vino, con un réquiem de amapolas
secas en las manos, y entre los dedos,
una lívida luna menguante de hielo,
y un bermejo lamento de caracolas.

Dejó en el aire, un rastro espeso
de mañanas húmedas y agrias,
violines desafinados, en la amarga
indulgencia de los ángeles muertos.

Y vacío, en los parques y en el agua,
cuando se acercó, vestida de negro,
buscando la muerte por un burladero
de sombras, en los claustros y las fraguas.

¡Distancia! El día es un adagio al viento,
nocturno de húmedas bocas de estera,
y en los arcaduces de una noria sin tiempo,
era la tarde, infinitud de una árida tristeza.

Las horas, tic tac oxidado de planetas,
agujas señalando un ocaso sordo y lento,
espolones de las nubes en el espejo,
retumbos metálicos de las estrellas.

¿A dónde fueron los zapatos gastados
de este dilatado caminar sin vuelta?

Caballos de seda para los abrazos,
crespones de niebla para las riendas.
puntas de humo para las espuelas,
marismas de menta para los cascos.

La voz, ¡ay¡, la voz llora en la tierra
con lágrimas de aquel niño desierto,
que, a la niña de mañana incierto,
enseñaba a leer, su nombre de cinco letras.

¿Dónde reposan, las anónimas huellas
que no olvidaron anotar nuestros pasos
en el libro diario de los fracasos,
y en el libro mayor de los planetas?

Caballos de seda para los abrazos,
y el silencio se hizo pálida sombra;
marismas de menta para los cascos,
y los inquietos gallos de la aurora
picotean, en los bostezos del alba,
sueños de niños que ríen soñando.

Agosto/25

(IV)

No te despiertes. Sueña la vida. (M. Altolaguirre)

Vino la noche vestida de duelo
por los aguaceros del alma renunciada,
recitando blancas metáforas de fuego
en el eco azul de la calle larga.

Y labrando sombras de sal y escamas,
vino la luna, vestida de amarillo luto,
dibujando lamentos de guitarra
en la noche de los patios ocultos.

Vino la sangre, calle abajo, en secreto,
con sonrisa y pañuelo de escarcha,
sobre alas de cera usurpadas al viento,
en el voladizo dormido de las barandas.

La noche, ignoró el eco de los patios
y siguió recitando distantes estrofas,
como si buscara encontrar una aurora
en el húmedo cañamazo de sus labios.

La luna quiso jugar a la gallina ciega
con una nube de collares blancos;
reposó la cabeza, movió los brazos,
y lloraron de dolor y pena, las adelfas.

La sangre salpicó de rojo el brezo
en el amanecer de las enredaderas,
para asfixiar los corazones honestos
con un aullido de luna hambrienta.

Noche, luna, sangre, muerte en el espejo,
luna, sangre, noche, lamento de poetas,
sangre, noche, luna, espuelas del tiempo;

la sangre me dejó dolida el alma
y amargamente descubierta;
la noche, me cubrió de noches la palabra
con embozos de la voz desnuda;
y la frígida luna, me heló la lengua
con sonrisa ardiente de escarcha.

¡ay!, ¡luna!… ¡luna!…
luna de la noche oscura,
¡ay!, ¡noche!… noche de la sangre muerta,
¡ay!, ¡sangre! sangre de la blanca luna.

¡Noche, sangre, luna! Por los tejados
vienen penando, mi dolor y mis dudas;

¡entre las tres, me quitaron los zapatos!
¡y me fueron dejando solo y descalzo!

Agosto/25

No quiero

No me perdono, madre,
no quiero perdonarme
seguir viviendo en este páramo de silencios,
naufrago insaciable de besos y almohadas,
vacío de caricias, sonámbulo del miedo,
voz y palabra perpetuamente sacrificadas;

no me perdono, no quiero perdonarme
ser un eterno retumbo de renuncias, y eco
callado de noches azules, y madrugadas
que no despiertan de aquel mal sueño
de sombras, eternamente pespunteadas
en el falso cielo que nunca quiso abrazarme.

No quiero perdonarme, madre,
morir en el pentagrama de las arrugas,
señalado con la marca de los perdedores,
y descansar sobre las espadañas mudas,
lejos y más allá del canto de los ruiseñores,
junto a un inevitable rastro de orugas,
hijo del olvido, de la sombra y el abandono.

No quiero perdonarme, no me perdono,
este ser fracaso, este pasar invisible,
y este ser nadie, en esta confusa multitud
de miradas, bocas y pensamientos,
que pespuntea las horas imposibles
de mis cansados días, y sus momentos
de interminables horas, infinitud
de segundos vívidamente muertos.

¿En qué extinto planeta perdí la esperanza
cuando intentaba acariciar el cielo?

¿Por qué, tristeza, anegaste mi alma
desde el eterno tiempo que recuerdo?

¿Cuándo se apagó mi última madrugada,
con el aliento de la soledad y el silencio?

Julio/2025

Ensayo para un triste recuerdo

Tu nombre

Me dijeron que te fuiste,
en plena floración de los años,
a buscar la palabra más triste
de aquel lejano tiempo pasado;
aquel remoto tiempo de ayer,
cuando no sabías leer
tu nombre, escrito con en recio negro,
y yo, debía conseguir que lo leyeras,
– ¿recuerdas aquel pupitre desierto? –

Tenías cinco años por las veredas,
y yo, siete, a la sombra de los tinteros
que no salpicaban las libretas…
¡Que ocurrencia! Tú, alumna y yo, el maestro.
¿Cómo, niña de los ojos grandes de mar,
– éramos párvulos, retoños de enero –
podríamos, tú aprender, y yo enseñar?

Me dijeron, que te habías ido
a buscar caracolas, en el océano de arenas
de un orgulloso día de sol confundido…
¡ay… caballo herido de espuelas!

Que buscaste tu nombre, escondido
en un inalcanzable océano de estrellas;

que el océano, se fue quedando vacío
con una metáfora de blancas letras;
que el celoso cielo, se hizo recuerdo y olvido
de un universo de panales y abejas,
y te quedaste a dormir con los planetas
en el norte del norte más frío...
¡ay...caballo negro sin riendas!

Y ya nunca, para siempre y mío,
sabré si pude lograr que leyeras
tu sencillo nombre y su conjunto,
en aquel catón de letras negras.

¡Tú, ya no puedes recordar!
¡Y yo... recordar no debo!

Pero, quiero, por un instante quiero
ser recuerdo, y me pregunto
si alguna vez cruzó por tu memoria,
aquel momento oscuro
– inocente y fugaz historia –
en la platea de un cine de pueblo,
impúberes con todo por aprender,
que aspiraban, tú, a ser mujer,
y yo, a ser aprendiz de adulto.

¡Y hoy, no he querido evitar el recuerdo!
¿Me perdonarás, desde el remoto estío
en donde quiera que duerma tu sueño?

Años recordando – siglos de desvarío –
que con tus pocos años, leer no sabías
tu nombre, con trazos negros escrito;
y yo, con mis siete años de niño,
no entendía
que no supieras
leer tu nombre en aquellas pocas letras.

En aquel tiempo de años apagados,
– ¡que lejos quedan, niña de pelo negro! –
antes de irte al otro lado de la vida,
–¡que lejos estás de la voz y el recuerdo! –
casi cada día,
en aquel papel rayado
y aquellos duros trazos de tinta negra,
yo intentaba – tú no sabías –
enseñarte a leer tu nombre,
tu nombre… tu nombre… Elena…
¡tu nombre de cinco letras!

Agosto/25

Sin nombre

Pequeño gigante oscuro de las calles,
hoy quiero preguntarle a tu silencio
de dónde venías. ¿Ibas a alguna parte?

¿Quién eres, náufrago de tierra adentro
encallado en un mañana sin mañana,
ayer ni hoy, esbozado en un incierto
y casi tullido deambular de los nadie?

Sombra vagabunda, recostada en la parda
arista de los repetidos días, iguales y huecos;
mirada perdida, hombre exhausto y dolido,
manos trémulas, ojos mansamente inquietos…
¿tienes nombre, vagabundo desconocido?

Tu cuerpo ancho, tronco viejo y seco,
otros días tal vez roble firme y decidido;
capitán fantasma a la triste deriva
del penoso, lento y agónico transitar
de tus piernas, jadeantes de los caminos

¡Cuántas vidas, guardará tu ignorada vida!
¡Cuántas voces! ¡Cuántos silencios!
¡Cuántos secretos nos podrías contar!

Tu mundo, el mundo sin fronteras
y el vacío monólogo de tus palabras;
tu casa, no tiene llaves ni cerraduras,
tu cama, un portal, un banco callejero,
la piedra de la calle y las tristes aceras
vacías, sombras frías, noches oscuras;
tu techo, el clemente o riguroso cielo,
sin iglesias ni campanarios, solo callejas
al solitario amparo del silencio.

Un día te di una moneda,
o dos… ¡no fue suficiente!,
y me sonreíste como un niño grande;

sé que existes, porque te veo entre la gente,
pequeño gigante oscuro de las calles;
y estás, pero no eres… ¿o sí?;

¿a dónde irás cuando te mueras?

Nadie, pequeño gigante, preguntará por ti
cuando te borres de las esquinas y los portales...
porque mañana, cuando desaparezcas,
¡nadie… nadie… nadie se acordará de ti!

Agosto/25

Piedra final

Ya se ve, piedra, la vereda
final de este camino de piedras y guijarros;

de rimas y poemas,
de mariposas y caballos,
de juncos y enredaderas,
de abrazos y de besos,
de crepúsculos y tormentas,
de pensamientos, y llanto disimulado;

las musas, sonríen satisfechas,
mirándome desde el otro lado,
y yo, las miro a ellas.

Ya no hay tinta en mis tinteros,
y han perdido sus hojas las libretas;

solo queda el rumor compañero del viento,
la titilante llama de una casi consumida vela,
un rincón de la memoria… y el esfuerzo.

En silencio, vendrá el silencio, piedra,
por los afilados alambres del sueño,
y sonreirán el mirto y la madreselva,
tras el gesto anónimo del brezo y el romero;

dejaremos los libros, en las estanterías abiertas
de la ingratitud y el desconocimiento,
quimera de versos, metáforas y leyendas;

ignoraremos la verdad y los misterios,
olvidaremos los himnos y las banderas
de los días vacíos, perdidos en el tiempo,
y bajaremos, tranquilos, las escaleras,
mientras al fondo, lejos, muy lejos,
un horizonte de grillos se oye en las aceras,
y una cuerda de perros viejos, muy viejos,
ladran agónicos, a la luna lunera.

Un carnal susurro de inevitables espuelas
se oye a las puertas del cielo;
se multiplica el retumbo por las callejas,
y en la acuarela de la noche incierta,
¡expira un lamento!

¡Apaguemos para siempre, piedra, aquella vela!

Agosto/25

¿Qué haré?

¿Qué haré, por estas calles vacías,
sin mi pluma, sin mi libreta,
sin mis apuntes ni mi caligrafía,
sin mi callada imaginación inquieta,
ausente, la humilde voz de mi poesía?

Buscaré el despertar de los sigilosos días
intensamente azafranados que vendrán,
en el silencio de los campanarios, desiertos
de lechuzas y cigüeñas, que ya no volverán
a sus nidos de añejos y apagados huecos.

Bordaré auroras tibias, imaginadas
en el tablero roto del amargo recuerdo,
junto al toro azul de las madrugadas
nuevas, respirando bocanadas de silencio.
¡Y hablaré con la luna, por las barandas!

¿Qué haré, por estas calles vacías,
sin mi pluma, sin mi libreta,
sin mis apuntes ni mi caligrafía,
sin mi callada imaginación inquieta,
ausente, la humilde voz de mi poesía?

Preguntaré por mí, al alba fría
cada amanecer, para recordarme
que no me recordáis;

y que me negaréis,
y volveréis la cabeza, cuando oigáis
decir mi nombre por las celosías,
y los cipreses vengan a buscarme
tras las persianas del último día.

Preguntaré a los gallos del alba,
cuando se desperece la aurora,
adonde fueron mis sueños de niño
y los mundos susurrados a las alondras;

y me responderán con una sonrisa blanca,
para no decirme que se los llevó el río,
una mañana de invierno, en las alas
de un pájaro de humo, que no quería ser niño.

Preguntaré al patio y a la alcoba,
cuando la noche descanse en mi almohada,
donde quedan los anhelos y los deseos
que naufragaron, entre luces y sombras,
una endémica mañana almidonada,
a la orilla de mi curriculum de viejo.

Preguntaré al sapo y la mariposa,
donde descansan mis tristes fracasos;

de quienes son, aquellas húmedas bocas
que nunca rozaron mis resecos labios;

quien me cerró la puerta de los versos,
y a dónde irán mi voz y mis ganas,
mis arrugas, lo que no tengo,
y las apagadas muecas de mis utopías.

¡Y hablaré con la luna entre las sábanas!

¿Qué haré, por estas calles vacías?

Dejaré pasar el tiempo, sin prisa,
junto a la ventana del horizonte quieto;
riendo, cuando haya que reír, la risa,
callando, cuando haya que callar, el silencio,
y viendo cómo se me pierden los recuerdos,
cosidos a los vuelos de mi camisa
de ayer, de mi camisa del tiempo.

Recordaré, tal vez, mi caballo de cartón,
mi interrogante mirada en el espejo,
y los amigos, la fuente y la escuela;

las risas infantiles, y los primeros juegos,
la voz del miedo, aquel único pantalón,
y las tentaciones desbocadas bajo las escaleras;

los primeros versos de mi pueril corazón,
las últimas rimas de mis vacíos tinteros,
y mis viejos, torpes y amados poemas.

¡Y recordaré, que me duelen, mayo, abril, y enero!

Recordaré, que soy extremeño de centeno,
soñador reincidente, y sin perdón,
deshabitado aprendiz de poeta;

y el impúdico rostro de la decepción,
mi utopía de un amanecer de violetas,
el templado desasosiego de aquel rincón,
mi esperanza, en el fondo de una alcancía,
y la humillante herida de la desilusión.

¿Qué haré, por estas calles vacías?

Esperaré el suave sol de cada mañana,
miraré la lluvia caer tras los cristales,
veré, quizás, la vejez de mi cabeza cana,
y las amarillentas tardes otoñales;
soñaré, con mi sombra, mi ayer y mi poesía,
y olvidaré el recuerdo, y recordaré el olvido;

cerraré los calendarios de la rebeldía,
prohibiré el tic tac de los relojes prohibidos,
y apagaré los sordos ecos de la monotonía.

¡Y hablaré con la luna por las azoteas!

Y dejaré pasar el tiempo,
siguiendo el paso urgente y lento
de mi cansado reloj de arena,
rendido eslabón de una cadena
que en la tierra o en el mar,
cumplido el plazo, habrá de parar.

Los campanarios, han perdido las campanas
en una apuesta de rayos y luna fría,
que cubrió de noche la mañana clara
con un negro velo de madrugadas pajizas.

¿Qué haré, por estas calles vacías
sin mi pluma, sin mi libreta,
sin mis apuntes ni mi caligrafía,
sin mi callada imaginación inquieta,
ausente, la humilde voz de mi poesía?

¡Vivir! Recorrer mi estrecha senda,
con el rumor y el eco del día a día.

"Mis gafas, mis libros, ¿dónde están?"

¿Qué haré, por estas calles vacías?

Descansar… Descansar… ¡Descansar!

Agosto/2025

Vacío

Me duele el vacío, y la soledad, que rodean
el difuminado y gastado lienzo de mis días,
bajo el cristalino azul de este desleal cielo;

la pálida luna de enero, por las azoteas,
y el anónimo nocturno de mis poesías
en el invisible pentagrama de mi desvelo.

Me duelen los amaneceres grises de los nadie,
el claro retumbo de la nada, y el rastro espeso
de los adverbios en mis oídos y mi palabra;

los adjetivos calificativos de la calle,
y las sucias voces mintiendo a los quietos ecos,
en la madrugada infiel de la noche profana.

Me duele, ser una página en blanco
de este carnal diccionario de eternas
preguntas, que ya no encuentran respuestas;

y haber llegado a este andén solitario,
privado de ilusiones y equipaje,
hueco de casi todo, desierto de mañanas,
húmeda hoja de calendario.

Me duele, el ajetreo constante de este viaje
sin rumbo ni destino – y de innegociable final –
que me ha traído, huérfano y desnudo
de sueños, a este hoy desafinado
al que cada amanecer acudo,
sobre un inapetente caballo derrotado.

Me duele la ausencia de un cuerpo
de piel serena y callada, que acariciar
sin prisas en las frías mañanas de invierno;

el lento y delicado aroma de un pecho
sin exigencias, en donde poder refugiar
este intemporal miedo interno
a la nada, al silencio y a la soledad;

que me elevase los gastados instintos
a los más altos y libertinos deseos,
y me dibujara un fugaz laberinto
de sensaciones, hasta el fin de los tiempos.

Me duele el traidor y farsante cielo
amarillo disfrazado de nubes y planetas…

Pero no soy yo, quien elige mi desconsuelo,
el profundo de mi dolor abierto,
ni el estruendo del tic tac de mi tristeza.

09/2025

Ensayo insumiso para el último día

A las seis, morirá el sol, un día perdido
tras la puerta falsa del universo,
y yo no podré verlo
porque me habré ido;

no sé cuándo, pero me habré ido;
no sé adónde, pero me habré ido
un siglo después de tanto esperar.

¡Me habré desvanecido!

"El que espera, desespera, dice la voz popular"

Podría ser, un día de luna nueva y cielo negro,
– infinito destino de asfalto y plata –
que me calme el dolor de los recuerdos,
sofoque el clamor de las mentiras,
deje mi esperanza en el cofre de la nada,
y niegue mis errores y mis utopías,
mis faltas, mis pecados y mis lágrimas,
bajo las losas gentiles de los templos y las sacristías;

Ya, no tengo traje, ni pañuelos,
ni zapatos, ni escaleras; no tengo casa,
ni cielo, ni mar... ¡solo unos tristes versos!

Me habré ido… si puedo, en silencio,
en el punto y hora que yo dijera;
con mi conciencia, desnuda por las barandas,
la innegable certeza de que nada os debo,
y la calma de saber, que nadie me recuerda;
mi alma, si la tengo, buscando primaveras,
con un millón de nanas en la garganta,
y mis prudentes versos,
– ignorados, pobres versos de niebla –
eco y voz de dos mariposas blancas
en el pardo horizonte de las veredas.

Con el matasellos de las cartas sin señas
y un réquiem de olivo y encina;
con los libros diarios de las deudas
del alma, olvidados en cualquier esquina,
y el temblor de mis asustadas manos
cerrando el balance cero de las mentiras;
¡sin preguntas! ¡sin respuestas!
y el inexpresivo mutismo del camposanto.

Porque he perdido mis espadas
en el sosiego infinito del olvido;
con los bostezos del alba,
y estoy cansado de este consumido
no ser, cuando soy,
y no estar, cuando estoy.

Me habré ido, olvidando la soledad
de siempre, mi torpeza y la lejanía,
el obligado justiprecio de la amistad,
el fracaso, el castigo y la hipocresía,
y la savia fermentada de la invisibilidad;

me habré ido, lejos del destierro callado,
bajo las enaguas de una aurora sin claridad,
y más allá de mi sencillo nombre, talado
en las conjugaciones del verbo concluir.

¡Porque estoy cansado!
¡Muy cansado de mí!

Un día, morirá el sol, a la seis en punto
de una tarde de memorias heridas,
por el cauce seco de los cautiverios;

mis ojos no verán las estrellas caídas,
y será mi frente, páramo vagabundo,
rastrojo amargo de secretos y misterios;

un fogonazo, un instante, un segundo,
y nadie me echará de menos.

Porque ya, no tengo casa, ni pueblo,
ni voz, ni historia; no tengo mundo,
ni cama, ni patria… ¡solo, unos humildes versos!

¡Qué triste, estar muerto, y no saberlo!

Si queréis...

Buscadme, junto el mirto y las acacias,
en el eco cerrado de los crisantemos,
en los cirros invisibles del cielo
y en el hueco opaco de las escaleras;

buscadme, a la sombra del silencio,
en los crepúsculos de la primavera,
en los susurros vacíos del aire,
tras la esquina oscura de la soledad,
o recostado en la almohada de los nadie;

buscadme, en el amanecer de la humildad,
en las metáforas desleídas de la calle,
a la sombra de los instintos prohibidos,
bajo el carmesí de las bocas imaginadas,
tras las infantiles risas de aquel tiempo
y en el retumbo de los deseos perdidos;

buscadme, en la aurora de las voces calladas,
en el aullido desalentado del viento,
en la humedad de los besos que me negaron,
en el brillo de las madrugadas apagadas,
y en el fondo de los sueños que no me soñaron.

Estaré, quizás, oculto en la doblez del vestido
que en un punto y aparte, levanté hace mil años;
encogido en el temblor de mis manos
al acariciar su inocente piel de membrillo,
o suspendido de la triste mirada de miedo
del fondo de sus redondos ojos negros;

junto al eco de una consonante,
de la mano de un punto y coma,
o a la sombra de una tilde equivocada;

en el susurro de una rima en asonante,
en la orilla opuesta de un axioma,
o en los inevitables escombros de la nada.

Pero no me encontraréis,
junto al mirto, en los besos, en el silencio,
en el dobladillo deshilachado de aquel vestido,
en las rimas, en el miedo, en el eco del viento,
ni en aquella piel de puntos suspensivos…
¡porque sé que no me buscaréis!

Y, como siempre simplemente he sido
nadie entre los nadie, solo alguno…
luego, cuando me haya desvanecido,
solo seré… ¡nadie y ninguno!

Aunque no pueda

Y, si puedo, incendiaré la noche eterna
con una blanca sonrisa de tiempo
– entre mis dedos y las estrellas –
para travestir de luz el miserable cielo;

para los amigos que nunca estuvieron
cuando los necesité, y me negaron
tras haberles dado cuánto me pidieron;

los desleales, los ingratos por afición,
los innobles, los que desertaron;

los que siempre miran a otro lado,
los que sonríen cuando todos lloran,
los bobos, badulaques, zotes, pasmados,
zafios, necios, torpes, simples
que siempre me han rodeado,
y los ignorantes que nunca perdonan,
a cambio de ser siempre perdonados.

Y ceñiré la noche, con un silencio de escarcha,
para mitigar el esfuerzo de su pensamiento,
mientras se ahoga su madrugada
en un bermejo piélago de fingido sentimiento.

¡Y que no me recuerden! ¡Adiós! ¡Hasta la nada!

Cuarenta sonetos para un lamento

Seguiré soñando tu voz en las aceras,
pero tú no estás, padre,
en el amanecer de las adelfas...
tu silencio, madre,
calma el rígido silencio de la tierra...
¡que oscura y fría es la tarde
cuando me envuelve la tristeza!

–1 –

Para decir yo

(Diosas, rimas y la luna)

Me llamo nadie, y soy ninguno,
rehén de ti, vida, y tus vaivenes,
vagabundo de incógnitos andenes,
voz errante, a todos inoportuno.

Soy prudencia y silencio bruno
en este mundo de fieros desdenes,
y habita en mis castigadas sienes
un voraz rayo, violento y uno.

Mi ayer abriga una luna eclipsada
y el airado ocaso de una utopía,
desleída en la noche olvidada;

mi mañana – solo melancolía –
apagará su aurora humillada,
y todos negarán, mi último día.

–2 –

Tengo el alma en el filo de una espada
de amarga y dolorosa indiferencia,
que hiere con acérrima insistencia
y despecho de luna vulnerada.

Tizna mi boca con un gusto a nada,
y mi corazón se duele de ausencia:
sobre el fracaso, respiro apetencia,
cautiva de la incierta madrugada.

Vivir y morir, quiero y no quiero,
beber del cáliz que la pena acaba,
huir de mí, de mi carnal frontera;

porque nada tengo y nada espero,
busca final consuelo mi alma esclava,
y nadie llorará, cuando me muera.

–3 –

Me ocultaron la noche y el día
tras una máscara de indiferencias,
y me negaron las buenas conciencias
con un eclipse de mirada fría.

Hallé refugio en mi humilde poesía,
y me ayudó a mitigar las ausencias
que condenaron voz y procedencias,
del sencillo afán de esta alma mía.

¡Ay!, como si no hubiera vivido,
ya no inviste mi cabeza cana
el peso del camino recorrido;

volverá a ver el sol cada mañana,
aunque no recuerde haber existido
cuando se disipe mi voz profana.

–4 –

Vano y pena fueron mi destino
de frías y desiertas madrugadas,
y el rumor de mil noches inmoladas
señaló mi senda y mi camino

Tristeza y desierto, desatino
de mis humildes sienes derrotadas,
frágiles geometrías desoladas,
arquitectura fiel de mi destino.

Luego, el dolor, lluvia sobre arcilla,
y la soledad, aciago instrumento
de ávido corazón, caudal y orilla;

ángulo cerrado del pensamiento,
mutismo, barro, árida semilla,
para mi afligida voz y mi acento.

–5 –

Me iré del tiempo y sus umbrales,
con la voz del arado en el barbecho,
y escribiré un verso, de sueños hecho,
esculpido de espinas y cristales.

Renunciaré a las rimas otoñales
desde lo más profundo de mi pecho,
abatiré aquel verso insatisfecho,
y dormiré la paz con sus raudales.

Quiero, voz, que vengas desde la grama,
junto al oscuro ruido que abunda
en la añil condena que me reclama;

la entristecida tarde moribunda
me vestirá de sombra y retama,
y firmaré mi rima vagabunda.

–6 –

Se borrará mi fiera desventura
del rendido tuétano de mi hueso,
con el húmedo calor de un beso
del yermo aliento que mi voz procura.

Sueño, solo memoria y figura,
ineludible melodrama espeso
del tiempo, frio ejecutor confeso,
que sigue a la muerte y su conjura.

No puede más mi alma pasajera
con esta mortal carga, que agoniza
con el ocaso de la primavera,

bajo el halo de una luna pajiza,
ambarina luz, de mi luz postrera,
en un inmortal lecho de ceniza.

–7 –

Tarde dividida

Abandoné todo, menos la vida,
tras la puerta cerrada del pasado,
cuando el sol se apagaba en el tejado
gris de invierno, una tarde dividida.

Sangraba distancia el alma rendida,
gemía el mutismo más alejado;
no había rencor en mi cansado
corazón, ni en la pena recogida.

Amargo sabor a fin y fracaso
y muerta rima de poesía muerta,
hilvanaban los labios del ocaso,

a un bastidor de mañana incierta,
vulnerando la piel y el acaso
del alma, talada calle desierta.

–8 –

Abandoné todo, menos la vida,
con el regusto amargo del perdedor
que nunca dejó de ser un soñador
en el final de una apuesta perdida.

De silencio para una voz, dolida
de sosiego y un trazo de temor,
una errante quimera de pensador
para una inquieta alma confundida.

Y en el duro banco de la vanidad
olvidé el yunque y el día a día,
entre vanos envites de voluntad;

un largo tiempo se desvanecía
en el mutismo de la serenidad,
cuando mi yo, tristemente moría.

– 9 –

Me quedé solo, perdido, desierto
en un mundo de rostros y planetas,
cielo gris de pasiones incompletas,
en el ocaso de un mañana incierto.

Horizonte y cielo al descubierto,
eclipse amarillento de cometas
perdidos, metáfora de poetas,
voz a la deriva de un mar abierto.

Y no dejé que el alma se me fuera
en un mar de rencores y venganza,
sacrificando sueños y bandera;

cerré los ojos, llamé a la esperanza,
y lloré tristeza junto a la hoguera
fría, de una lánguida añoranza.

– 10 –

Y no dejé que el alma se me fuera
por los callejones del desaliento,
prisionera de un impulso violento,
arcano, sombra, y voz lastimera.

Y la sujeté a la paz verdadera
con los simples alambres de mi acento,
dándole sosiego y sentimiento
en la sordina azul de una quimera.

Encontré a los infames mercaderes
del templo, en la esquina de la pena,
vendiendo miserias y pareceres,

como una plaga, como una condena
en un impúdico mar de alfileres,
lejos de la pálida luna llena.

– 11 –

Sola soledad

Miré el profundo de esta alma mía
y encontré los marchitos despojos
de un cercano tiempo de rastrojos,
vencidos de orgullo y celosía.

Espesa luz de oscuridad, cubría
el tupido horizonte de mis ojos,
y mi voluntad, hendida de hinojos,
huracanes de soledad sufría.

Un retumbo de voces derramadas
cosía la aciaga tarde rendida,
al silencio de las calles tapadas;

en las frías esquinas de la vida,
perecían las voces olvidadas;
¡escombros de la vanidad vencida!

– 12 –

Y me llamaron los patios perdidos
con la voz cárdena de la distancia,
desde la desnudez y la ignorancia
de aquellos años de sueños prohibidos.

Reconocí los llantos contenidos
en el eco de la insignificancia
de mi furtiva imaginación, rancia
y cansada de amortiguar ruidos.

Y todo era, rumor de soledad,
pálido viento norte de la nada,
sombra sin sombra, desvelo, ansiedad.

Luego, la calle vacía, almohada
de piedra, inclemente rotundidad
para sosegar a un alma oxidada.

– 13 –

Hay un rumor de sola soledad
que apaga el trisar de las golondrinas
con un eco de sangre y espinas,
y un susurro de oscura vanidad.

Y un cielo gris, que vierte frialdad
sobre un verde horizonte sin esquinas,
no recuerda el color de las encinas
cuando la noche navega oscuridad.

Pero no estás, boca que un día besé,
una tarde de otoño amarillento
que no llora ausencia de madrugada;

y no estás, sonrisa que un día escuché
en el silencio de un abrazo lento,
al rumor de una caricia robada.

– 14 –

Vivir sufriendo, quiero y no quiero,
morir de esta manera me estremece
porque esta vida no me pertenece,
y por vivir, me muero.

Esta soledad, quiero y no quiero,
más vivir así, morir me parece;
y la vida me ofrece
solo un gélido silencio lastimero.

Busco mi voz cansada,
y mi voz me niega y ensombrece
en el mutismo de la madrugada,

cuando el día envejece,
con un sello de abandono y nada.
¡Mi alma, se apaga y desaparece!

– 15 –

Reposo

Me han desleído, madre, la vida,
los toros azules de la arrogancia,
con un brutal empujón de distancia
y ávida palabra destejida.

Llevo el alma, a la soledad zurcida,
con los alambres de la intolerancia,
y un mar de fría insignificancia
que me ahoga de pena contenida.

En la noche de los ecos callados,
los gallos de piedra me vieron llorar
a la sombra oscura de los tejados,

cuando la luna comenzó a derramar
– tras un jirón de lamentos cerrados –
las agrias rimas del verbo fracasar.

– 16 –

Hay un dolor, madre, que no es de mí,
en el agrio piélago de mis días,
que cuentan hacia atrás sus horas frías
en el ábaco tiempo que ya viví.

Este dilatado tiempo que viví
se adorna de afónicas melodías
ajenas a las ilusiones mías,
que soportan un dolor que no es de mí.

Mañana, dormirá este sentimiento
en el yermo páramo del anhelo,
lejos del sueño y el pensamiento;

la distancia, será el dulce consuelo
para este ajeno dolor que siento,
hecho de respeto, afán y desvelo.

– 17 –

Tengo miedo, madre, a no encontrarme
en el ancho de mi cama vacía,
naufrago en un mar de melancolía,
y sin tu mano para sujetarme.

Tengo miedo, madre, de despertarme
en una oscura nada de apatía,
cautivo en la razón que desvaría,
si tú no estás, madre, para abrazarme.

Tengo miedo, porque no sé qué hacer
cuando la tarde se viste de fiesta
y negra noche hasta el amanecer;

y porque mañana, es una apuesta
extraviada de insondable anochecer,
un triste diccionario, sin respuesta.

– 18 –

Se me durmió la vida en las aceras,
y fue el silencio un sonoro ruido,
madre, que a todos levantó un gemido
de sangre y lágrimas callejeras.

Con rigor de enfurecidas hogueras
compré la paz, en silencio, vestido
de fiero animal, fatalmente herido
en un cielo de rayos y esteras.

Por un caudal de irreprimibles fieras
me fui quedando de soledad ungido,
en un réquiem de estrellas lastimeras,

que negaron, madre, mi sinsentido
en un gris crepúsculo de escaleras,
Babel de voces, corazón vencido.

– 19 –

Con las lágrimas de Venus, hubiera
comprado, madre, para mí su dolor,
por verla sonreír libre, sin temor,
con un brillo de eterna primavera.

Y el báculo de Asclepio, quisiera
haber tenido, usado con rigor,
para terminar con aquel mal traidor,
y verla feliz, madre. ¡Que lo fuera!

Pero se me apagó el alma, cansada
de no haber sabido hacerse entender,
triste voz tangible de voz callada;

y se me murió en silencio, por nacer
yerma, y eternamente entregada
para ser sin estar, estando sin ser.

– 20 –

Necesito guardar silencio, callar
madre, de tanto confesar mutismo,
eclipsarme de todos y yo mismo,
en el ángulo oscuro del olvidar.

Descansar de tanta herida, escapar
madre, hasta más allá del abismo
del sentimiento, y el idealismo,
y ser nadie, ser nada, y terminar.

No siento en mis sienes verdad alguna,
heridas de tanta voz disputada,
lívida sangre, que el dolor encierra.

No quiero, madre, reliquias de luna
en mi marchita alma desalentada,
para este transitar hacia la tierra.

–21–

Paréntesis

He llorado, padre, al recordarte
en tu perpetuo descanso de tierra,
y yo, solo en mitad de esta guerra,
cautivo y sin voz para hablarte.

Sentí tu cuerpo, y quise aliviarte
del dolor que, por mi dolor, se aferra
a tu sonrisa, que ahora encierra
el vacío que me prohibió salvarte.

Busqué el extenso abrigo de tu sombra
y el favor de tus manos compañeras,
en el oscuro olvido que te nombra.

Solo encontré, las risas callejeras,
y tu nombre en el vuelo de una alondra.
¡Lloré, padre, perdido en las aceras!

– 22 –

Me han travestido, padre, de paria
de mi propia alma y mi yo conmigo,
con un fiero relámpago enemigo
de soberbia y furia lapidaria.

Me han roto la vida necesaria,
con un arañazo de desabrigo
y un violento ademán de castigo,
en una húmeda tarde carcelaria.

Me han roto la vida en mil pedazos
de alma, corazón y sentimiento;
golpe helado, savia de manotazos.

Fugitivo de besos y abrazos,
solo tengo un alma sin pensamiento
ni voz, pespunteada de arañazos.

– 23 –

Y de soledad me han revestido,
padre, en una encrucijada oscura
de anónima existencia y figura,
con un jirón de miedo y ruido.

Me han bordado la voz al olvido,
marca indeleble de mi desventura;
la noche, es un manantial de negrura
en un lecho de silencio dolido.

Soy un animal de tierra y viento,
capricho de las sombras otoñales
vestidas de corazón y aliento;

soy nadie en los puntos finales,
nada, al oeste del pensamiento,
un frágil soplo de aire entre cristales.

– 24 –

Con la palabra ardiendo en la garganta,
grité tu nombre, padre, hasta el dolor,
y he maldecido al cielo con rigor
porque no estás, y el dolor me espanta.

Tu recuerdo, es aliento que levanta
tormentas de necesidad y amor,
porque me ahogo de soledad y temor
en esta ausencia que me solivianta.

Frente a la vacía calle vacía,
rima sin rimar, aire sin veletas,
tristeza, dolor y melancolía.

No soy más, que un viajero sin maletas
de un fatigado tren al mediodía,
que busca su estación de las violetas.

Presagio quebrado de los profetas,
soy un fantasma vivo de este mundo,
¡ausente de todo, y vagabundo!

– 25 –

Y tengo miedo, padre, a la mañana
cargada de ausencia y lejanía,
la sola soledad de cada día,
y el ancho horizonte de la ventana.

Vacío, hueco, rígida manzana
de hierro, piedra y cemento, fría
apuesta de hielo, cruel apatía,
causa mortal de mi cabeza cana.

Me han roto, padre, la voz callada
y nadie quiere escuchar mi lamento,
porque *ver y oír a un triste, enfada.*

Suplico al silencio, voz y acento
en el tenue retumbo de la nada,
y no responde ni el eco del viento.

– 26 –

He oído, padre, al cuco cantar
y del Pambre, su gemido sofocado,
que matizaba el eco obligado
de la mandolina de mi fracasar.

Ya no quedan diosas en el altar
del añejo sueño desalentado
de siempre, fatalmente abandonado
en la esquina obligada del caminar.

Y en el silencio de los tejados,
cuando la noche enciende las almohadas,
buscan respuestas mis versos cansados,

para estas soledades asustadas
que no pueden remediar, los pesados
ecos de tantas noches olvidadas.

– 27 –

Soy nadie, padre, y nadie espera
cuando el sol dibuja el ocaso sereno,
– al otro lado del silencio ajeno –
en el zaguán de una noche cualquiera.

¡Soy nada! Milicia sin frontera,
instante aniquilado, pero bueno,
invisible, padre, y me condeno,
barco a la deriva y sin bandera.

Orilla sin mar, me voy perdiendo
en un hostil y especial destino
que, fiero y con rigor, va hilvanando

al desaliento, mi triste camino
que, entre oscuridades, se va perdiendo
en un incierto acaso clandestino.

– 28 –

Hambre de amor, y pasión fecundada
de apagadas y tenues primaveras,
horizonte de sueños y quimeras,
la mirada triste, la voz, cansada.

Necesidad de ti, boca cerrada
de las leales sonrisas primeras,
refugio de mil palabras sinceras
en la inmaterial mañana callada.

¡Ay, soledad, agua y herida,
indeleble esquela de lo intangible
que me adorna de sombra fugitiva;

eterno error, culpa irredimible,
final, y condena definitiva.
¿Quién, padre, me revistió de invisible?

– 29 –

De la tristeza

Junio me pintó mirada afligida
y me vistió de alma enamorada,
me dio una voz triste y cansada
y una firme expresión recogida.

Me dibujó figura dividida,
tímida palabra de voz callada,
bajo un manto de tristeza labrada
en una apagada estrella perdida.

Más, todo ello, no me hace deudor
de las almas de perfección, esculpidas
por el destino o mano superior.

Hoy, ya no me duelen las heridas,
el reproche, la condena, el error,
ni el dogma de las voces conocidas.

– 30 –

Detrás de las tristes horas que anudas,
sigue vivo el fragor de las tormentas
que dejaron mil heridas, hambrientas
de sordos lamentos y quejas mudas;

se arrepentirán las diosas desnudas
con llantos de nostalgia y afrentas,
cuando en las vísperas amarillentas
encuentren lugar y asiento mis dudas.

Después de la sombra y de la herida,
de la inquietud y el último paso,
del susurro de la aurora prohibida;

más allá del triunfo y del fracaso,
descansará en paz mi alma consumida,
bajo el árbol talado del ocaso.

– 31 –

De las almas y el silencio

Nos han desabrigado, alma, por hablar
con la voz de los poliedros callados,
hasta más allá de los vulnerados
horizontes azules del verbo amar.

Nos han prohibido, alma, imaginar
el otoño de los cuerpos cansados,
con un borbotón de rayos airados
y un estruendo de voces sin gritar.

Susurra el eco nervioso del Pambre,
alma, un lamento de luna llena,
arpegio de mi callado gemido;

lívido ocaso en las calles del hambre,
alma, de amor y libertad serena,
para un amargo corazón dolido.

– 32 –

Cuando el silencio me humilla, y ciega
los ojos de mi inexistente cielo,
busco, padre, mi alma sin duelo
en la voz del fracaso que me niega.

Mi alma, un ardor que no reniega
de su condición de clamor y celo,
procura en los páramos del pañuelo
el sereno verbo que la sosiega.

Nada la salvará del desencanto
que de canas y jirones la viste,
en la noche quebrada y vencida.

Nada puede hacer la voz que levanto,
por mi rota y cansada alma triste,
fracasada, madre, y abatida.

– 33 –

He oído, alma, del Pambre, el rumor
de su húmedo transitar agitado,
hablarme del corazón alejado,
con voz errante y eco turbador.

Retumbos metálicos de mi interior,
– desierto, alma de poema callado –
han escrito con un clamor apagado
el más profundo lamento de dolor.

Entre el silencio y la húmeda nada,
solo el rododendro parece mirar
a esta ambulante sombra vulnerada;

solitariamente sola, sin hablar,
a cuestas con su poesía ignorada
y este hondo vacío de pesar.

– 34 –

Lágrimas de dolor, sin querer llorar,
lloré una cálida tarde de enero
por ti, alma rota, quiero y no quiero,
luna descreída, sueño sin soñar.

Lágrimas de luto, para remediar
la pena por el alba lastimero,
que huyó buscando el sol de febrero
entre oscuros silencios que silenciar.

Sordina. Y la calle bostezaba
entre solitaria y confundida,
agrio rumor que la esquina negaba;

de llanto y desaliento afligida,
mi fracasada alma se lamentaba
cuando concluía la tarde herida.

– 35 –

Estamos solos, alma confundida,
por la fatal furia de los sentidos,
sin nadie a quien querer, seres caídos
que se dejaron incumplir la vida.

Sin nadie a quien querer, abierta herida
en un mar de reproches y ruidos,
áspero llanto de labios cosidos
al eco helado de la voz perdida.

¿Quién marcó el orden de las malas horas?
¿Quién cegó los ojos de la lucidez?
¿Quién sembró tempestad en las auroras?

¿Quién nos robó el sol de la madurez?
¿Quién profanó nuestro ayer y ahora?
¿Quién avivó el rigor de la insensatez?

¿Qué dios, nos prohibió ser uno en la vejez,
y puso al corazón fronteras de sal,
para labrar, este afilado final?

– 36 –

Diálogo imposible

Frente a ti, y frente a ti, frente a frente,
intento, madre, hablar de mi dolor,
con la voz calma, padre, y el rigor
cierto de la verdad más confidente.

Busco, padre, en tu mirada decente
el susurro callado de tu rumor,
y una sonrisa, madre, sin temor,
en el sonido de tu voz doliente.

Y solo encuentro un mutismo frío
en la imagen detenida del papel,
y vuestro rostro de ayer, frente al mío;

pero presiento, madre, el retumbo fiel
de vuestra alma con un escalofrío,
y un suave arañazo, padre, en la piel.

– 37 –

Busco, poder encontrar la sincera
voz del desconsuelo y la soledad,
en el eco sereno de la verdad
del fracaso, mi única bandera.

Oír de este lamento, su voz tuera,
frío retumbo de la hiriente ansiedad
de mi triste y vulnerada humildad,
tan pobre, que insignificante fuera.

Frente a mí, en el hueco callejero
que me habla sin boca cuando bosteza,
solo queda el cielo que nunca tuve;

más allá, mi sombra, en el alero
lejano de mi alma y mi tristeza,
noche de un sueño en donde nunca estuve.

– 38 –

Orate, madre, loco me han llamado
las sucias bocas sucias del olvido,
por querer buscar mi yo, confundido
en un horizonte desanudado.

Sin razón, juzgado y condenado
por un ruin corazón corrompido
y malvado, que a mi alma ha investido
con el inri de necio perturbado.

Sombra piadosa entre los piadosos
que, al hermano, con dulce voz sumisa,
crucifican como perros rabiosos.

Aparta, padre, de mí, su sonrisa,
y enmudezcan sus ecos rigurosos
en la serena paz que en mi alma trisa.

– 39 –

Alba

Solo el alba nos queda, madrugada,
para sentir la voz de aquel lamento
que desaparecerá con el viento
de una oscura aurora abandonada.

Se perderá en el Jordán de la nada,
con el sordo rumor de un sentimiento,
errante, que habrá perdido su acento
en la marchita soledad callada.

¡De prisa! Se va, silencio, la hora
de presentarnos al sueño natural
en este Sinaí que nos implora;

y guardaremos tu sueño cenital,
Jerusalén, porque el ocaso llora
un lamento de oscuridad sin final.

– 40 –

Datos inmediatos

Callé, hasta donde retumba el miedo
y el rumor de los patios dormidos;
y hasta más allá de los sentidos
callé, como el toro muerto en el ruedo.

Hice del silencio mi mayor credo,
y todos sonreían complacidos
viendo su ego y su afán cumplidos.
Mas, continuar callando, ya no puedo.

Aunque sea con la voz del lamento,
con el eco del dolor y la ausencia,
he hablado, calmo y con humildad,

y que todos sepan mi sentimiento,
datos inmediatos de mi conciencia.
¡Callado grito infinito! ¡Soledad!

Estrambote con cuerpo de soneto para la voz última

¡Sin yunque ni campanas!
Un susurro de lechuza y espliego,
un pálido sol de mañana,
un ausente milagro de la primavera,
y un rosario de huesos

La voz última

Reposa en paz, el reseco tintero,
– cansado de dar a mi voz, sentido –
con el negro de su retumbo herido
desde este triste corazón viajero.

Solo queda, un rumor callejero,
el cansancio de un lamento dolido
de escarcha, y el todo, desvestido
de palabra. Y un sueño pasajero.

Grita en silencio mi voz consumida,
su última palabra, rima entregada
al viento norte de la voz dormida;

es, la última página, abandonada
al silencio de la noche vencida;
¡húmedo olvido de la oscura nada!

ÍNDICE

Proemio. . . . . .Pág. 7
Soy quien soy. . . . . Pág. 21
Apuntes de mi memoria. . . . . .Pág. 23
Llanto de mayo. Pág. 25
Desierto y sin arena. . . . . .Pág. 28
Autorretrato. . . . . Pág. 29
Fantasía de mujer. . . . . Pág. 32
Zapatos gastados de ayer. . . . . Pág. 35
(II). . . . . .Pág. 36
(III). . . . . .Pág. 38
(IV). . . . . .Pág. 41
No quiero. . . . . Pág. 43
Ensayo triste para un recuerdo. . . . . . . .Pág. 45
Sin nombre. . . . . Pág. 48
Piedra final. . . . . .Pág. 50
¿Qué haré? . . . . Pág. 52
Vacío. . . . . , Pág. 57
Ensayo insumiso para el último día. . . Pág. 59
Si queréis. . . . . Pág. 62
Aunque no pueda. . . . . Pág. 64
Cuarenta sonetos para un lamento. . . . .Pág. 65
Para decir yo (1) .Pág. 67
– 2 – . . . . Pág. 68
– 3 –. . . . . Pág. 69
– 4 –. . . . . Pág. 70
– 5– . . . . Pág. 71
– 6 –. . . . . Pág. 72

Tarde dividida (7) . . . . Pág. 73
– 8 – . . . . Pág. 74
– 9 – . . . . Pág. 75
– 10 – . . . . Pág. 76
Sola soledad (11) . . . . Pág. 77
– 12 – . . . . Pág. 78
– 13 – . . . . Pág. 79
– 14 – . . . . Pág. 80
Reposo (15) . . . . Pág. 81
– 16 – . . . . Pág. 82
– 17 – . . . . Pág. 83
– 18 – . . . . .Pág. 84
– 19 – . . . . .Pág. 85
– 20 – . . . . Pág. 86
Paréntesis (21) . . . . Pág. 87
– 22 –. . . . . Pág. 88
– 23 – . . . . Pág. 89
– 24 – . . . . Pág. 90
– 25 – . . . . Pág. 91
– 26 – . . . . Pág. 92
– 27 – . . . . Pág. 93
– 28 – . . . . Pág. 94
De la tristeza (29) . . . . Pág. 95
– 30 – . . . . Pág. 96
De las almas y el silencio (31) . . . . Pág. 97
– 32 – . . . . Pág. 98
– 33 – . . . . Pág. 99